Les Grecs de l'Antiquité mis en place les bases de la civilisation Occidentale. Leur mythologie était une part intégrale de l'art, de la littérature, de la religion et de l'éducation de la société de la Grèce ancienne. C'est grâce à leur mythologie que nous arrivons à comprendre aujourd'hui leur culture et leur civilisation.

The ancient Greeks stand at the cornerstone of Western civilisation. Their mythology was an integral part of the art, literature, religion and education of ancient Greek society. It is through their mythology that we today can gain some understanding of what the ancient Greeks were like as a people and a culture.

First published 2002 by Mantra
5 Alexandra Grove, London N12 8NU
www.mantralingua.com

Text copyright © 2002 Mantra Lingua
Illustrations copyright © 2002 Diana Mayo

British Library Cataloguing in Publication Data:
a catalogue record for this book is available
from the British Library.

# La Boîte de Pandore

# Pandora's Box

retold by Henriette Barkow

illustrated by Diana Mayo

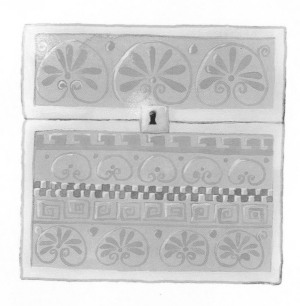

French translation by Martine Michaelides

mantra

Il y a très très longtemps, des dieux et des déesses vivaient au commencement du monde.

Zeus, le roi des dieux, s'assit sur le Mont Olympe et pensa que la terre était belle mais que quelque chose y manquait. Il regarda de plus près et décida qu'il fallait des animaux, des oiseaux et des poissons sur la terre.

Long long ago, at the beginning of time, lived gods and goddesses.

Zeus, the king of the gods, sat on Mount Olympus and thought that the earth was beautiful but also that something was missing. He looked closer and decided what was needed on earth were animals and birds and fishes.

Zeus convoqua les deux Titans, Prométhée et Epiméthée, et il leur donna la tâche de créer toutes les créatures qui allaient vivre sur la terre.

"Voici un sac avec des cadeaux uniques qui vous pouvez donner à vos créations," leur dit-il.

Zeus called the two Titans, Prometheus and Epimetheus, to him and gave them the task of creating all the creatures to live on the earth.

"Here is a bag with some special gifts that you can give to your creations," he told them.

Prométhée et Epiméthée étaient frères, et comme beaucoup de frères, chacun avait ses propres forces et ses propres faiblesses. Prométhée, dont le nom veut dire prévoyance, était de beaucoup le plus intelligent, et comme son nom le suggère, il pouvait prévoir souvent l'avenir. Pour cette raison, il avertit Epiméthée : "Je ne serai pas toujours là, fais donc attention avec les cadeaux que Zeus donne."

Prometheus and Epimetheus were brothers, and like many brothers each had his own strengths and weaknesses. Prometheus, whose name means forethought, was by far the cleverer, and as his name suggests, he could often see into the future. Thus it was that he warned Epimetheus: "I won't always be here, so take great care with any gift that Zeus may give."

Bien qu'Epiméthée ne fût pas aussi intelligent que son frère, il était adroit de ses mains, comme un sculpteur ou un menuisier. Il créa toutes les créatures possibles et imaginables et il leur donna des cadeaux différents du sac de Zeus. A certaines il donna de longs cous, à d'autres il donna des rayures et des queues, des becs et des plumes.

Although Epimetheus wasn't as clever as his brother, he was good at making things, like a sculptor or a carpenter. He created all the creatures that he could think of and gave them different gifts from Zeus' bag. Some he gave long necks, others he gave stripes and tails, beaks and feathers.

Quand il eut fini, il montra toutes les créatures à Prométhée,
"Qu'est-ce que tu en penses ?" demanda-t-il à son frère.

"Elles sont vraiment magnifiques," dit Prométhée.

En regardant autour de la terre Prométhée eut l'idée d'un autre
genre de créature - une qui serait copiée sur les dieux. Il prit de l'argile et
de l'eau et il moula le premier homme.

Puis il lui fit des amis comme cela l'homme ne serait pas solitaire.


When he had made all the creatures he showed them to Prometheus.
"What do you think?" he asked his brother.

"They are truly wonderful," said Prometheus.

Looking across the earth Prometheus then had the idea for another
kind of creature - one that would be modelled on the gods. He took
some clay and added some water and moulded the first man.

Then he made him some friends so that man wouldn't be lonely.

Quand il eut fini, il montra ses créations à Zeus qui leur donna la vie.

When he had finished he showed his creations to Zeus who breathed life into them.

Prométhée et Epiméthée apprirent à l'homme à se débrouiller tout seul. Ils restèrent sur la terre et ils habitèrent avec l'homme lui apprenant comment chasser, comment construire des abris et comment faire pousser de la nourriture.

Un jour Prométhée chercha un cadeau pour ses créations dans le sac de Zeus mais il était vide. La trompe avait été donnée à l'éléphant, la longue queue avait été donnée au singe, le plus grand rugissement au lion, le vol aux oiseaux et cela continua jusqu'à ce qu'il n'y ait plus de cadeaux.

Prometheus and Epimetheus taught man how to look after himself. They stayed on earth and lived with man teaching him how to hunt, build shelters and grow food.

One day Prometheus went to Zeus' bag to find a gift for his creations but the bag was empty. The trunk had been given to the elephant, the long tail had been given to the monkey, the biggest roar to the lion, flight to the birds and so it went until there were no more gifts.

Prométhée qui s'était attaché à ses créations, voulait donner quelque chose de spécial à l'homme, quelque chose qui rendrait sa vie plus facile. Alors qu'il regardait sa création, une idée lui vint à la tête - le feu. Il donnerait à l'homme le feu.

Cependant le feu appartenait aux dieux et pour le donner à l'homme, Prométhée devait le voler.

Sous le voile de la nuit, Prométhée monta sur le Mont Olympe et vola une petite flamme et il la donna à l'homme. Il lui montra comment garder la flamme allumée et ce qu'il pouvait faire avec le feu.

Prometheus, who had grown very fond of his creations, wanted something special to give to man, something that would make his life easier. And as he watched his creation the idea came to him — fire. He would give man fire.

Now fire belonged to the gods and the only way that Prometheus could give fire to man was by stealing it.

Under the cloak of darkness Prometheus climbed Mount Olympus and stole a tiny flame and gave it to man. He taught him how to keep the flame alive and all that man could do with fire.

Zeus ne mit pas longtemps à se rendre compte que l'homme avait quelque chose qui ne lui appartenait pas, quelque chose qui appartenait aux dieux, et un cadeau donné par un dieu ne pouvait pas être repris. Zeus était furieux et avec toute la fureur et la colère d'un dieux, il décida de punir Prométhée et l'homme.

Zeus attrapa Prométhée et il l'attacha à un rocher. La douleur était insupportable mais cela ne suffisait pas à Zeus, il voulait que Prométhée souffre encore plus.

It didn't take long for Zeus to see that man had something that didn't belong to him, something that belonged to the gods and a gift given by a god could not be taken back. Zeus was furious and with all the rage and wrath of a god he decided to punish both Prometheus and man.

Zeus grabbed Prometheus and chained him to a cliff. The pain was almost unbearable but that wasn't enough for Zeus, he wanted Prometheus to suffer even more.

Donc Zeus envoya un aigle pour dévorer le foie de Prométhée. Chaque nuit son foie guérirait et chaque matin l'aigle reviendrait pour tourmenter et torturer Prométhée encore plus.

La douleur était sans fin et donc Prométhée était voué à souffrir sans espoir pour toujours.

So Zeus sent an eagle to tear out Prometheus' liver. Every night his liver would heal and every morning the eagle would return, to torment and torture Prometheus even more.

This was pain without ending, and thus Prometheus was doomed to suffer forever without hope.

Zeus, après avoir puni Prométhée, se demanda comment il pouvait se venger de l'homme. Zeus imagina un plan astucieux. Un plan digne d'un dieu. Il créa un être qui ressemblait à une déesse mais était un être humain.

Il créa la femme et il lui donna la vie.


Having punished Prometheus, Zeus devised a cunning plan to take his revenge on man. A plan that was worthy of a god. He created a being that looked like a goddess but was a human.

He created woman and breathed life into her.

Zeus rassembla les autres dieux et déesses à ses côtés et demanda à chacun de donner un cadeau à la femme. Parmi de nombreux attributs, Aphrodite donna la beauté à la femme, Athéna lui donna la sagesse, Hermès lui donna une langue bien pendue et Apollo lui donna le don de la musique.

Zeus l'appela Pandore et il l'envoya vivre sur la terre.

Zeus called the other gods and goddesses to his side and asked them each to give woman a gift. Among the many attributes, Aphrodite gave woman beauty, Athena gave her wisdom, Hermes gave her a clever tongue and Apollo gave her the gift of music.

Zeus named her Pandora and sent her to live on earth.

Une femme munie de toutes les grâces, était impossible à résister et Epiméthée tomba amoureux de Pandore.

Le jour de leur mariage, Zeus leur donna une belle boîte fascinante.

"Appréciez la beauté de ce cadeau et gardez le bien, mais souvenez vous de ceci - cette boîte ne doit jamais être ouverte."

Pauvre Pandore, Zeus avait scellé son destin, car parmi les cadeaux des dieux il y avait le cadeau de la curiosité.

A woman made in heaven, with the gifts of the gods, was impossible to resist and Epimetheus fell in love with Pandora.

On their wedding day Zeus gave them a beautiful and intriguing box. "Enjoy the beauty of this gift, and guard it well. But remember this - this box must never be opened."

Poor Pandora, Zeus had woven her fate, for amongst the gifts of the gods was the gift of curiosity.

Au début, Pandore et Epiméthée furent très heureux. Le monde était un endroit riche et paisible. Il n'y avait pas de guerres ou de maladies, pas de tristesse ou de souffrance.

Tandis qu'Epiméthée était sorti pour la journée, Pandore utilisa son cadeau de curiosité avec sagesse. Elle trouva de nouvelles manières pour préparer leur nourriture et de nouvelles musiques à jouer. Elle étudia les animaux et les insectes autour d'elle. Pandore montra à l'homme de nouvelles façons d'utiliser le feu pour cuisiner et travailler les métaux.

At first Pandora and Epimetheus were very happy. The world was a rich and peaceful place. There were no wars or illnesses, no sadness or suffering.

While Epimetheus was out all day Pandora used her gift of curiosity wisely. She found new ways to prepare their food and new music to play. She studied the animals and insects around her. Pandora showed man new ways of using fire to cook and work metals.

Mais la curiosité est une épée à double tranchant, et malgré tout le bien que Pandore avait fait, elle n'arrivait pas à sortir la boîte scellée de sa tête. Tous les jours, elle allait seulement la regarder et tous les jours elle se souvenait des paroles de Zeus :
"Cette boîte ne doit jamais être ouverte !"

But curiosity is a double-edged sword, and for all the good that Pandora had done she could not put the locked box out of her mind. Every day she would just go and have a look at it. And every day she remembered Zeus' words:
"This box must never be opened!"

Quelques mois plus tard, Pandore se trouva assise à nouveau devant la boîte. "Quel mal pourrais-je faire si je lançais un coup d'oeil à l'intérieur ?" se demanda-t-elle. "Après tout, qu'est-ce qu'il pouvait y avoir à l'intérieur de si terrible ?" Elle regarda autour d'elle pour être sûre qu'il n'y avait personne et puis elle prit une épingle de ses cheveux et elle crocheta la serrure avec soin.

After some months had passed Pandora found herself sitting in front of the box again. "What harm would it do if I just sneaked a look inside?" she asked herself. "After all what could possibly be in there that is so terrible?" She looked around to make sure that she was alone and then she took a pin from her hair and carefully picked the lock.

Dès que la serrure fut ouverte, le couvercle
se souleva et la boîte s'ouvrit brusquement.
Il est difficile d'expliquer avec des mots les
choses horribles qui étaient enfermées dans
cette boîte et la souffrance qui en sortit pour
se répandre sur la surface de la terre.

As soon as the lock opened, the lid flew back and the box
burst open. It is hard to explain in words the terrible things
that were stored within that box and the suffering that
was unleashed upon the world.

Quand le couvercle s'ouvrit, la haine, l'avidité, la peste, la maladie s'échappèrent ainsi que toutes les choses horribles qui nous tourmentent encore aujourd'hui.

When the lid was lifted, out flew hate and greed, pestilence and disease and all the terrible things that still torment us today.

Pandore fut tellement bouleversée quand elle vit ce qu'elle avait fait qu'elle attrapa le couvercle et essaya de le fermer avec toutes ses forces.
Epuisée elle s'assit par terre et sanglota.
"Laissez moi sortir ! Laissez moi sortir !" gémit une petite voix douce.
Pandore leva les yeux pour voir d'où venait cette voix douce.

Pandora was so shocked when she saw what she had done, that she grabbed the lid and forced it down again with all her strength.
Exhausted she sat on the ground and sobbed.
"Let me out! Let me out!" cried a small and gentle voice.
Pandora looked up to see where this sweet voice was coming from.

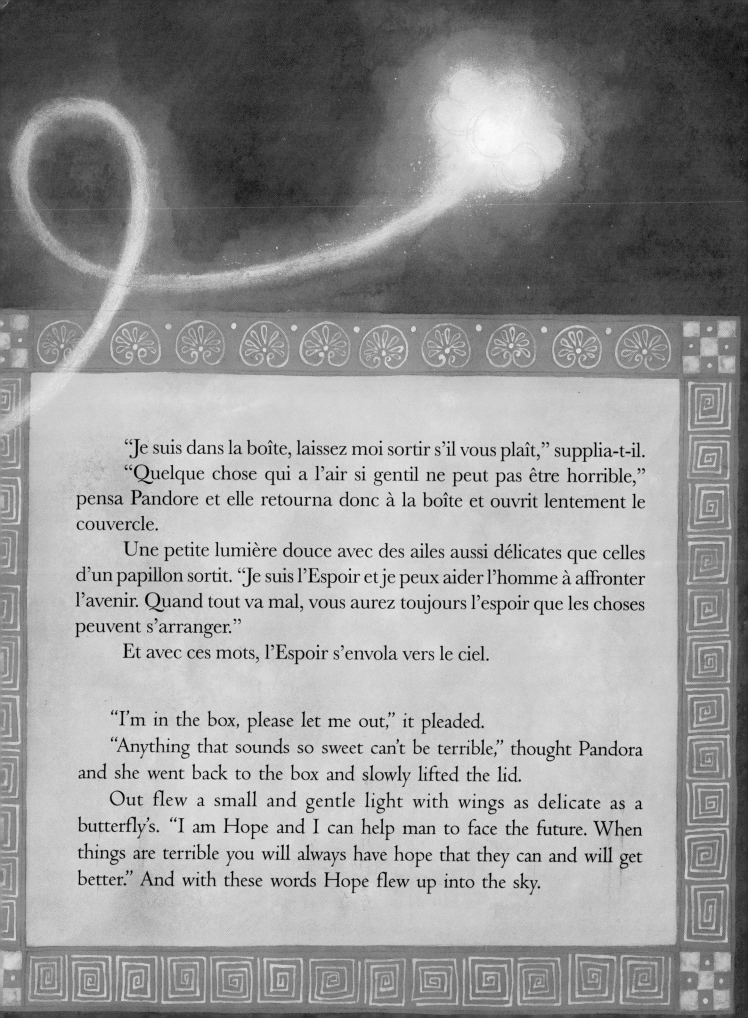

"Je suis dans la boîte, laissez moi sortir s'il vous plaît," supplia-t-il.

"Quelque chose qui a l'air si gentil ne peut pas être horrible," pensa Pandore et elle retourna donc à la boîte et ouvrit lentement le couvercle.

Une petite lumière douce avec des ailes aussi délicates que celles d'un papillon sortit. "Je suis l'Espoir et je peux aider l'homme à affronter l'avenir. Quand tout va mal, vous aurez toujours l'espoir que les choses peuvent s'arranger."

Et avec ces mots, l'Espoir s'envola vers le ciel.

"I'm in the box, please let me out," it pleaded.

"Anything that sounds so sweet can't be terrible," thought Pandora and she went back to the box and slowly lifted the lid.

Out flew a small and gentle light with wings as delicate as a butterfly's. "I am Hope and I can help man to face the future. When things are terrible you will always have hope that they can and will get better." And with these words Hope flew up into the sky.

Tandis que l'Espoir voyageait autour de la terre, il passa près de Prométhée enchaîné à la montagne et toucha son coeur.

Il faudra plusieurs milliers d'années avant qu'Héraclès ne le libére mais cela, comme on dit, est une autre histoire.

As Hope journeyed across the earth it passed Prometheus chained to the mountain and touched his heart.

It would take a few more thousand years before Heracles set him free but that, as they say, is another story.